Impressum
Verlag: BABADADA GmbH, Nedderfeld 112 , 22529 Hamburg
Geschäftsführer / Verlagsleitung: Harald Hof
Druck: Books on Demand GmbH, In de Tarpen 42, 22848 Norderstedt

Imprint
Publisher: BABADADA GmbH, Nedderfeld 112 , 22529 Hamburg, Germany
Managing Director / Publishing direction: Harald Hof
Print: Books on Demand GmbH, In de Tarpen 42, 22848 Norderstedt, Germany

skola

skole

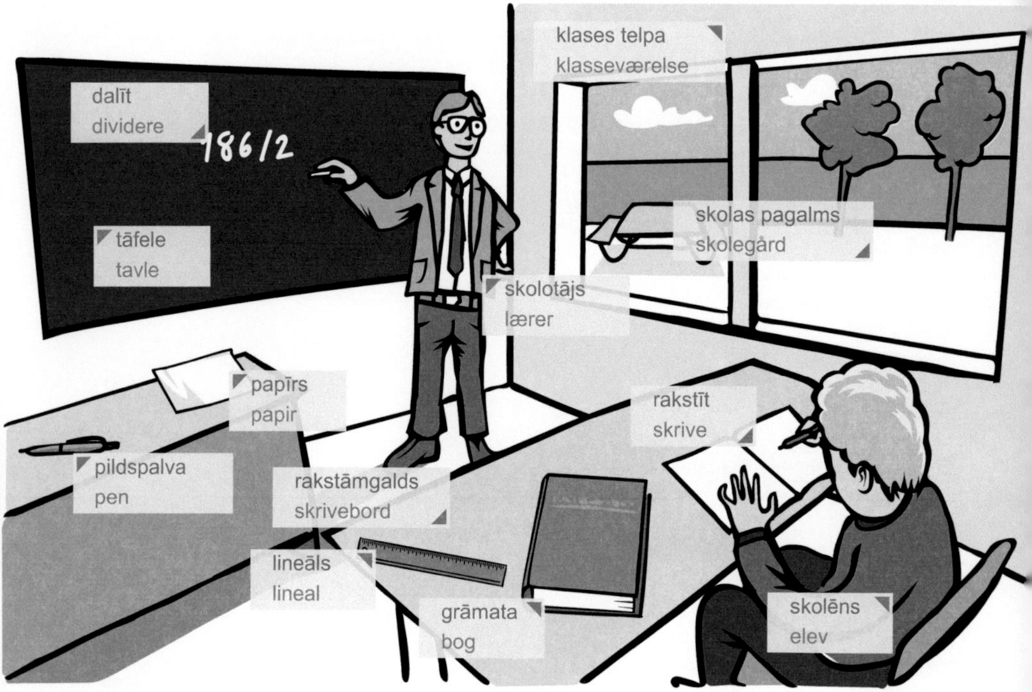
klases telpa
klasseværelse
dalīt
dividere
186/2
tāfele
tavle
skolas pagalms
skolegård
skolotājs
lærer
papīrs
papir
rakstīt
skrive
pildspalva
pen
rakstāmgalds
skrivebord
lineāls
lineal
grāmata
bog
skolēns
elev

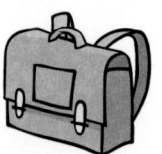

skolas soma

skoletaske

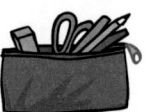

penālis

penalhus

zīmulis

blyant

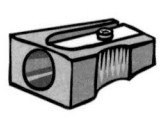

zīmuļu asināmais

blyantspidser

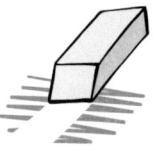

dzēšgumija

viskelæder

zīmēšanas bloks

tegneblok

zīmējums

tegning

ota

pensel

krāsas

æske med vandfarver

šķēres

saks

līme

lim

darba burtnīca

opgavehefte

mājas darbs

lektie

skaitlis

tal

saskaitīt

addere

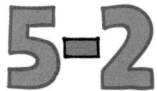

atņemt

subtrahere

reizināt

multiplicere

rēķināt

regne

burts

bogstav

alfabēts

alfabet

vārds

ord

teksts

tekst

lasīt

læse

krīts

kridt

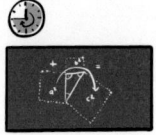

mācību stunda

time

žurnāls

klasseprotokol

eksāmens

eksamen

liecība

karakterbog

skolas forma

skoleuniform

izglītība

uddannelse

enciklopēdija

leksikon

universitāte

universitet

mikroskops

mikroskop

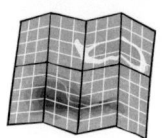

karte

kort

papīrgrozs

papirkurv

ceļojums
rejse

Grand
viesnīca
hotel
hostelis
herberg
ROOMS
valūtas maiņas punkts
vekselkontor
EXCHANGE
čemodāns
kuffert
automašīna
bil

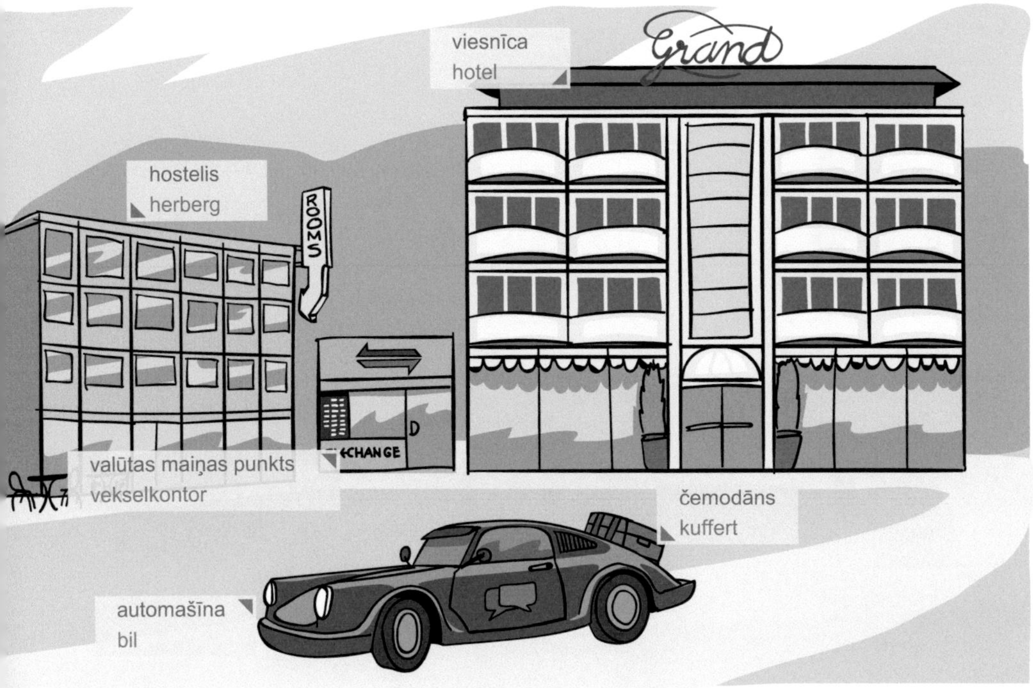

Valoda
sprog

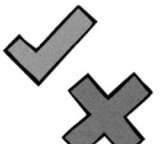

jā / nē
ja / nej

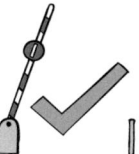

Okay
okay

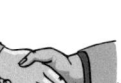

Sveiki!
hej

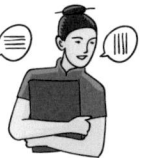

tulks
oversætter

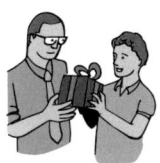

paldies
tak

Cik maksā…?
hvad koster…?

Es nesaprotu
Jeg forstår ikke

problēma
problem

Labvakar!
God aften!

Labrīt!
God morgen!

Ar labu nakti!
God nat!

Uz redzēšanos
farvel

virziens
retning

bagāža
bagage

soma
taske

mugursoma
rygsæk

viesis
gæst

istaba
værelse

guļammaiss
sovepose

telts
telt

tūrisma informācija

turistinformation

pludmale

strand

kredītkarte

kreditkort

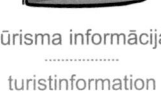

brokastis

morgenmad

pusdienas

middagsmad

vakariņas

aftensmad

biļete

billet

lifts

elevator

pastmarka

frimærke

robeža

grænse

muita

told

vēstniecība

ambassade

vīza

visum

pase

pas

transports
transport

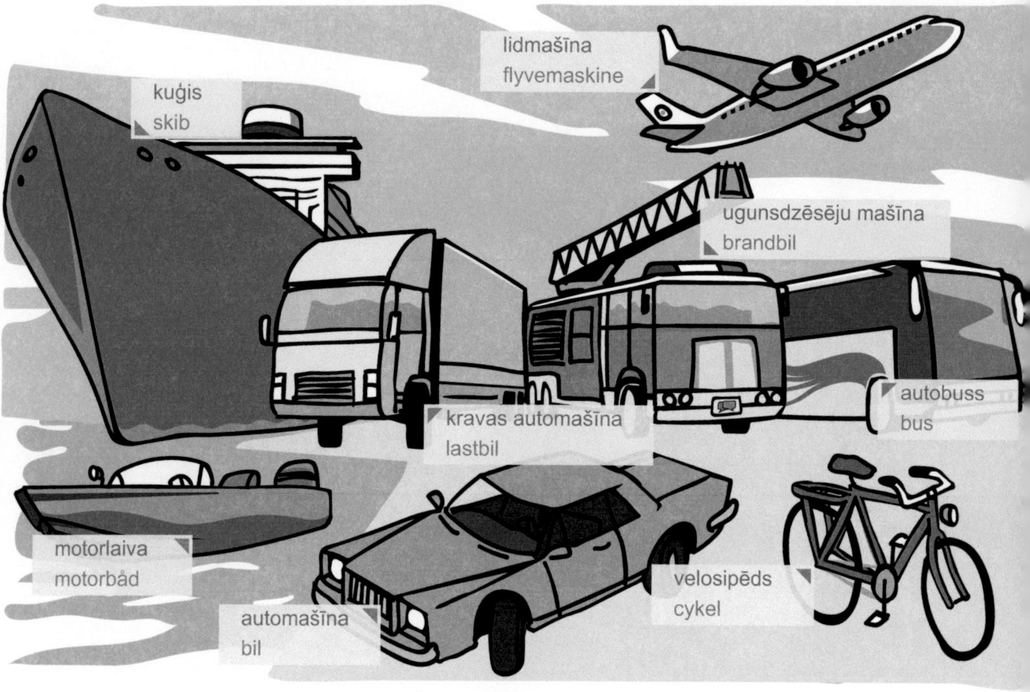
lidmašīna
flyvemaskine
kuģis
skib
ugunsdzēsēju mašīna
brandbil
autobuss
bus
kravas automašīna
lastbil
motorlaiva
motorbåd
velosipēds
cykel
automašīna
bil

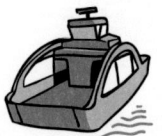

prāmis

færge

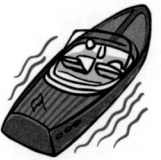

laiva

båd

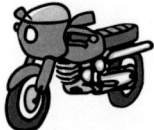

motocikls

motorcykel

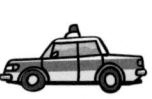

policijas automašīna

politibil

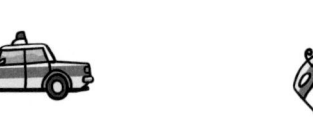

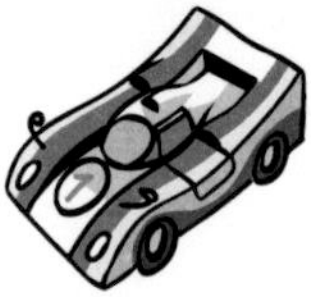

sacīkšu automobilis

racerbil

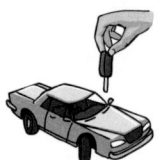

nomas auto

lejebil

auto koplietošana

samkørsel

evakuators

kranbil

atkritumu mašīna

skraldebil

dzinējs

motor

benzīns

benzin

degvielas uzpildes stacija

tankstation

ceļa zīme

trafikskilt

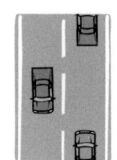

satiksme

trafik

sastrēgums

trafikprop

stāvvieta

parkeringsplads

dzelzceļa stacija

banegård

sliedes

skinner

vilciens

tog

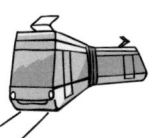

tramvajs

sporvogn

vagons

wagon

helikopters

helikopter

lidosta

lufthavn

tornis

tårn

pasažieris

passager

konteiners

container

kaste

karton

ratiņi

kærre

grozs

kurv

pacelties / nosēsties

starte / lande

pilsēta
by

ciems

landsby

pilsētas centrs

bymidte

māja

hus

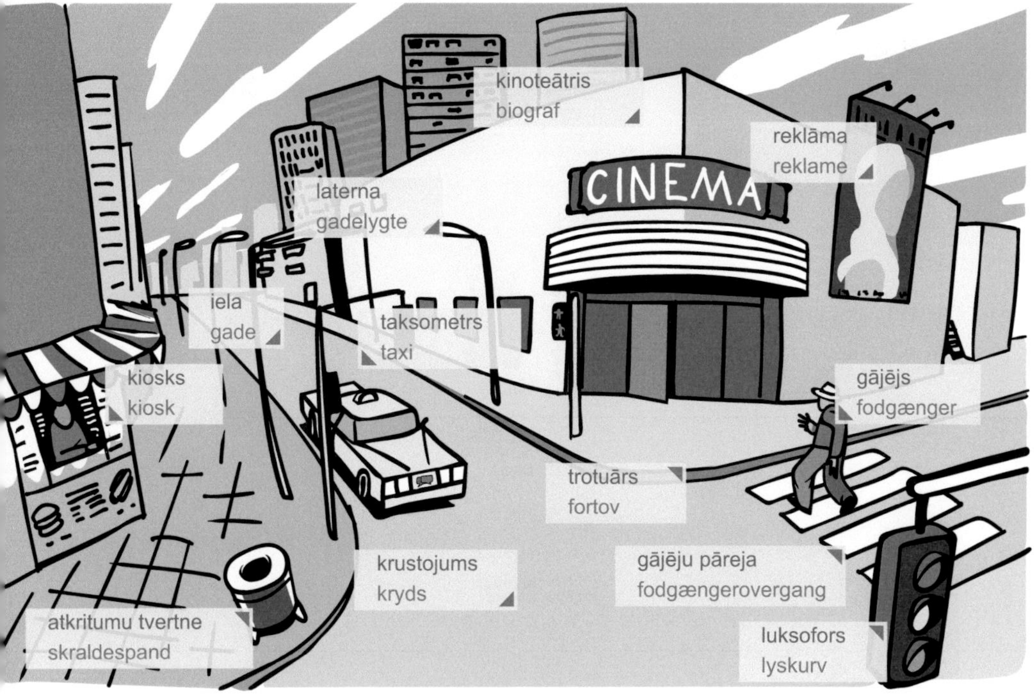

kinoteātris
biograf

reklāma
reklame

laterna
gadelygte

CINEMA

iela
gade

taksometrs
taxi

gājējs
fodgænger

kiosks
kiosk

trotuārs
fortov

krustojums
kryds

gājēju pāreja
fodgængerovergang

atkritumu tvertne
skraldespand

luksofors
lyskurv

būda

hytte

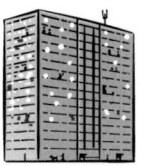

dzīvoklis

lejlighed

dzelzceļa stacija

banegård

rātsnams

rådhus

muzejs

museum

skola

skole

universitāte

universitet

banka

bank

slimnīca

sygehus

viesnīca

hotel

aptieka

apotek

birojs

kontor

grāmatnīca

boghandel

veikals

butik

ziedu veikals

blomsterbutik

lielveikals

supermarked

tirgus

marked

tirdzniecības centrs

stormagasin

zivju tirgotājs

fiskehandler

tirdzniecības centrs

butikscenter

osta

havn

parks

park

sols

bænk

tilts

bro

kāpnes

trappe

metro

undergrundsbane

tunelis

tunnel

autobusa pieturvieta

busstoppested

bārs

barnevogn

restorāns

restaurant

pastkastīte

postkasse

ielas nosaukuma plāksne

vejskilt

stāvlaika skaitītājs

parkometer

zooloģiskais dārzs

zoo

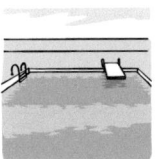

peldbaseins

badeanstalt

mošeja

moske

zemnieku saimniecība

bondegård

vides piesārņojums

miljøforurening

kapsēta

kirkegård

baznīca

kirke

spēļu laukums

legeplads

templis

tempel

ainava

landskab

lapa
blad

ceļrādis
vejviser

ceļš
vej

pļava
eng

akmens
sten

ceļotājs
vandrer

koks
træ

upe
flod

zāle
græs

puķe
blomst

ieleja

dal

kalns

bjerg

ezers

sø

mežs

skov

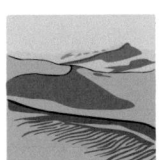

tuksnesis

ørken

vulkāns

vulkan

pils

slot

varavīksne

regnbue

sēne

svamp

palma

palme

moskīts

moskito

muša

flue

skudra

myre

bite

bi

zirneklis

edderkop

vabole

bille

varde

frø

vāvere

egern

ezis

pindsvin

zaķis

hare

pūce

ugle

putns

fugl

gulbis

svane

meža cūka

vildsvin

briedis

hjort

alnis

elg

aizsprosts

dæmning

vēja ģenerators

vindmølle

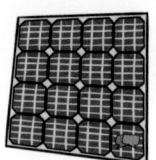

saules baterija

solcellemodul

klimats

klima

restorāns
restaurant

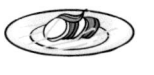

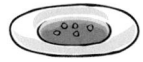

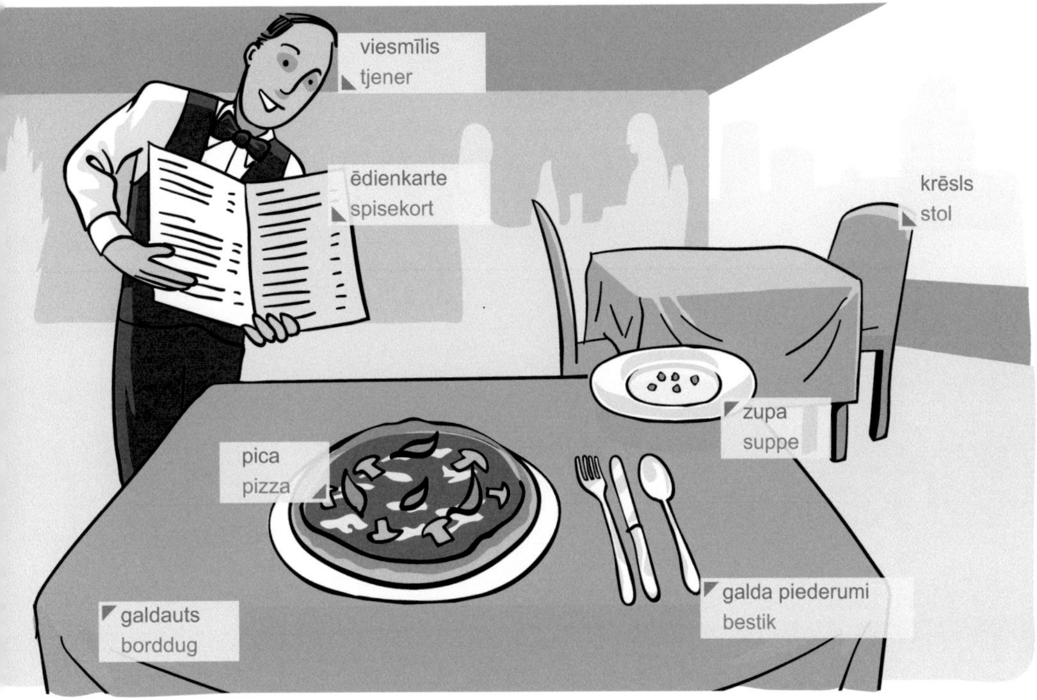
viesmīlis
tjener
ēdienkarte
spisekort
krēsls
stol
zupa
suppe
pica
pizza
galda piederumi
bestik
galdauts
borddug

uzkoda

forret

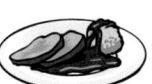

pamatēdiens

hovedret

deserts

dessert

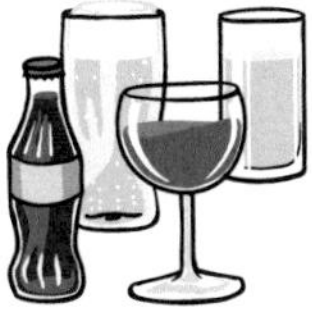

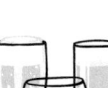

dzērieni

drikkevarer

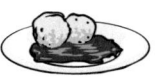

ēdiens

mad

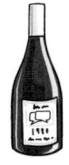

pudele

flaske

ātrās uzkodas

fastfood

ielu uzkodas

streetfood

tējkanna

tekande

cukurtrauks

sukkerdåse

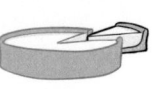

porcija

portion

espresso kafijas automāts

espressomaskine

bāra krēsls

barnestol

rēķins

faktura

paplāte

tablet

nazis

kniv

dakša

gaffel

karote

ske

tējkarote

teske

salvete

serviet

glāze

glas

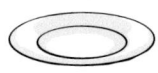

šķīvis
tallerken

zupas šķīvis
dyb tallerken

apakštase
underkop

mērce
sovs

sāls trauciņš
saltbøsse

piparu dzirnaviņas
peberkværn

etiķis
eddike

eļļa
olie

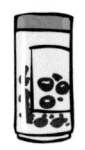

garšvielas
krydderier

kečups
ketchup

sinepes
sennep

majonēze
mayonnaise

lielveikals

supermarked

piedāvājums
tilbud
FOR
klients
kunde
piena produkti
mælkeprodukter
augļi
frugt
iepirkumu ratiņi
indkøbsvogn

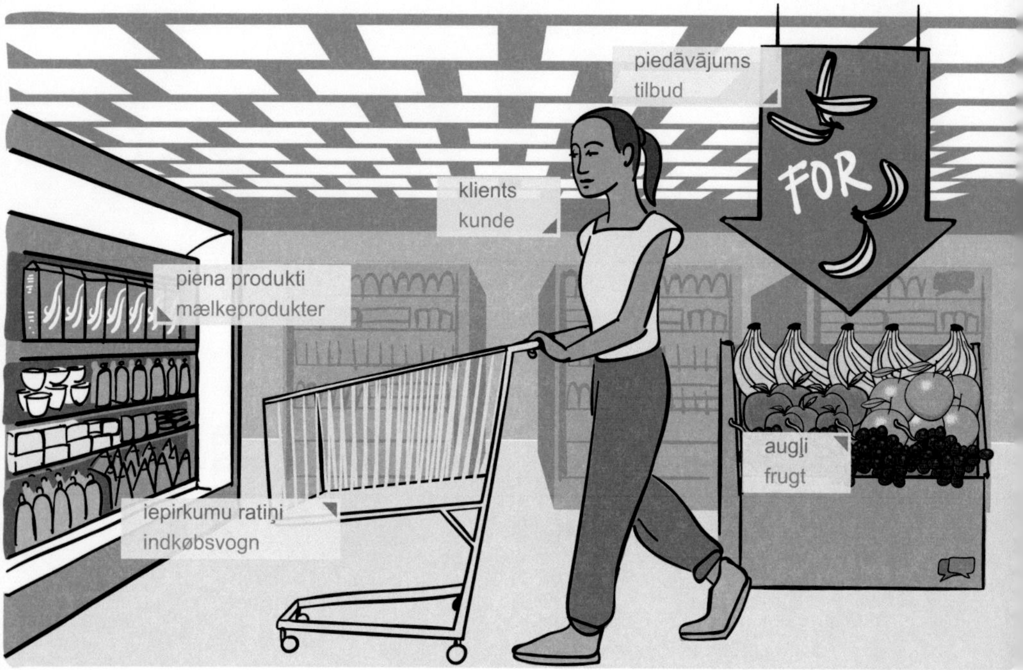

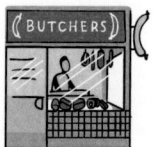

BUTCHERS

kautuve

slagter

BAKERY

maizes veikals

bageri

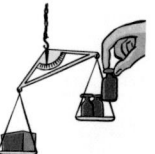

svērt

veje

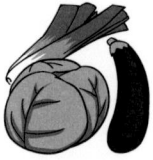

dārzeņi

grøntsager

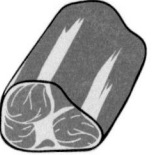

gaļa

kød

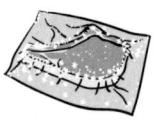

saldēti produkti

frostvarer

aukstās gaļas uzkodas

pålæg

konservi

konserves

pulveris

vaskemiddel

saldumi

slik

mājsaimniecības preces

husholdningsvarer

tīrīšanas līdzeklis

rengøringsmidler

pārdevēja

ekspedient

kase

kasse

kasieris

kasserer

iepirkumu saraksts

indkøbsliste

darba laiks

åbningstider

maks

tegnebog

kredītkarte

kreditkort

soma

taske

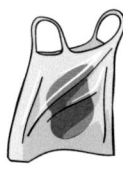

maisiņš

plasticpose

ūdens

vand

sula

saft

piens

mælk

kola

cola

vīns

vin

alus

øl

alkohols

alkohol

kakao

kakao

tēja

te

kafija

kaffe

espresso

espresso

kapučīno

cappuccino

banāns

banan

ābols

æble

apelsīns

appelsin

melone

melon

citrons

citron

burkāns

gulerod

ķiploks

hvidløg

bambuss

bambus

sīpols

løg

sēne

svamp

rieksti

nødder

makaroni

nudler

spageti
spaghetti

rīsi
ris

salāti
salat

frī kartupeļi
pomfritter

cepti kartupeļi
stegte kartofler

pica
pizza

hamburgers
hamburger

sviestmaize
sandwich

šnicele
schnitzel

šķiņķis
skinke

salami
salami

desa
pølse

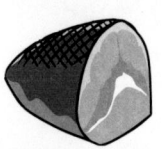

vista
kylling

cepetis
steg

zivs
fisk

auzu pārslas

havregryn

muslis

mysli

brokastu pārslas

cornflakes

milti

mel

radziņš

croissant

brokastu maizītes

rundstykke

maize

brød

tostermaize

toast

cepumi

kiks

sviests

smør

biezpiens

kvark

kūka

kage

ola

æg

cepta ola

spejlæg

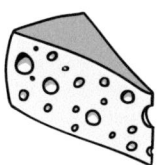

siers

ost

saldējums

is

cukurs

sukker

medus

honning

marmelāde

marmelade

riekstu krēms

nougat-creme

karijs

karry

zemnieku saimniecība
bondegård

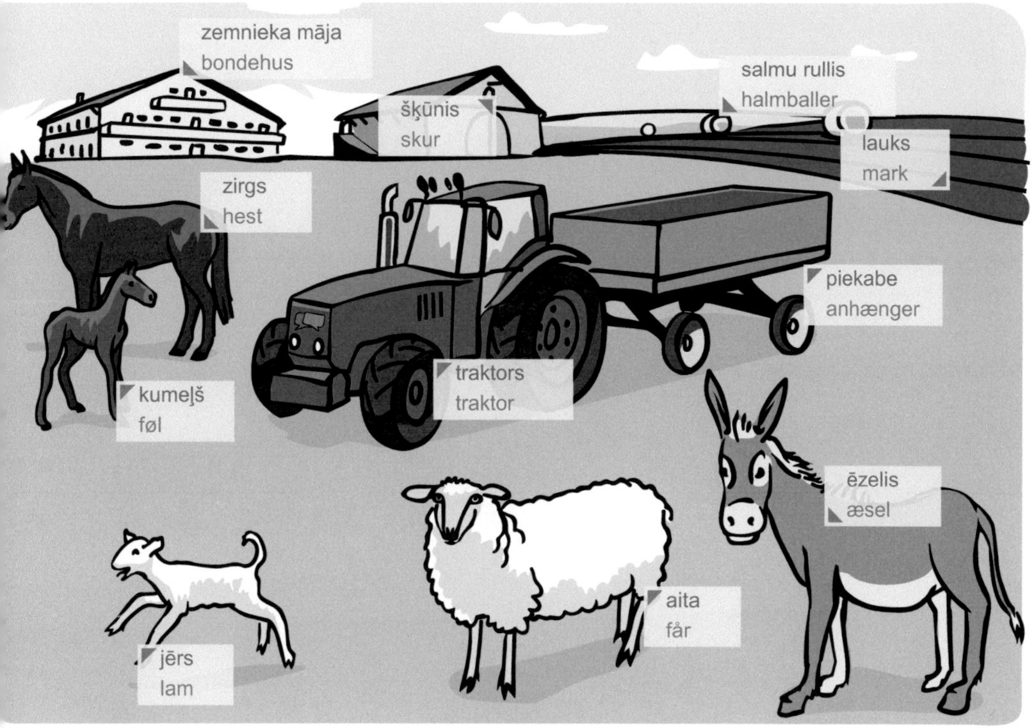
zemnieka māja
bondehus
šķūnis
skur
salmu rullis
halmballer
lauks
mark
zirgs
hest
piekabe
anhænger
kumeļš
føl
traktors
traktor
ēzelis
æsel
aita
får
jērs
lam

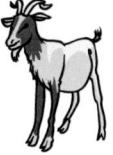

kaza

ged

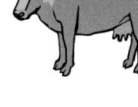

govs

ko

teļš

kalv

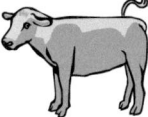

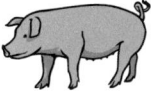

cūka

svin

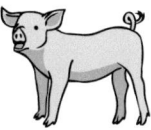

sivēns

gris

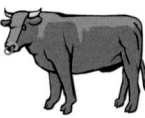

bullis

tyr

zoss

gås

pīle

and

cālis

kylling

vista

høne

gailis

hane

žurka

rotte

kaķis

kat

pele

mus

vērsis

okse

suns

hund

suņa būda

hundehus

dārza šļūtene

haveslange

lejkanna

vandkande

izkapts

le

arkls

plov

sirpis

segl

kaplis

hakkejern

mēslu dakša

møggreb

cirvis

økse

ķerra

trillebør

sile

trug

piena kanna

mælkekande

maiss

sæk

žogs

hæk

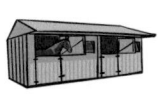

kūts

stald

siltumnīca

drivhus

augsne

jord

sēklas

frø

mēslojums

gødning

kombains

mejetærsker

novākt ražu

høste

raža

høst

jamss

yams

kvieši

hvede

soja

soja

kartupelis

kartoffel

kukurūza

majs

rapsis

raps

augļu koks

frugttræ

manioka

maniok

labība

korn

māja
hus

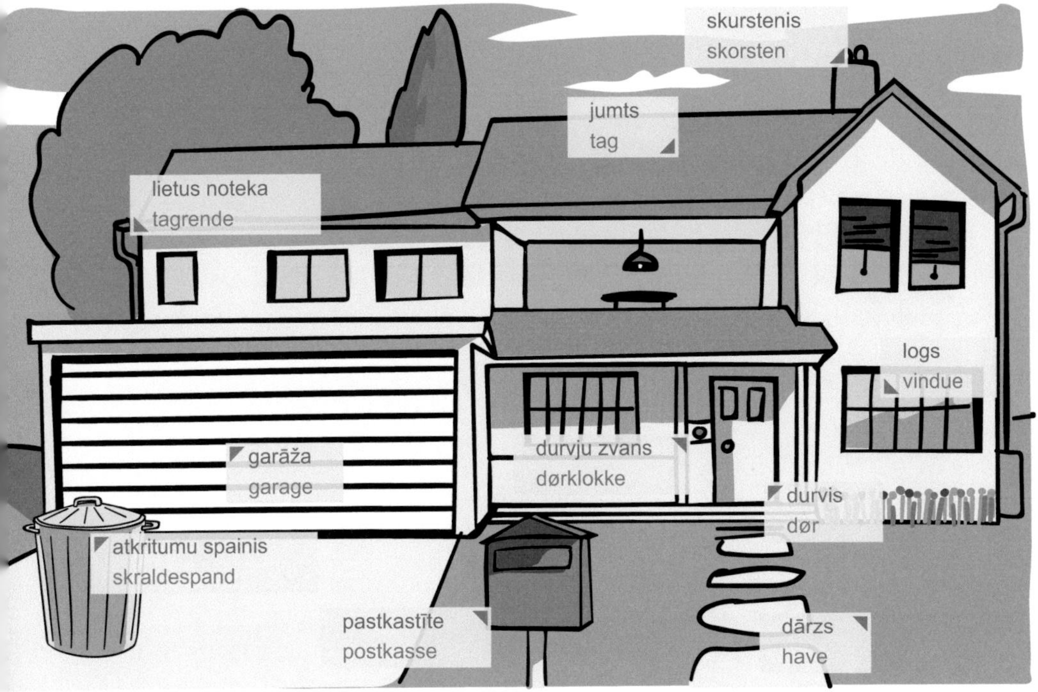
skurstenis
skorsten
jumts
tag
lietus noteka
tagrende
logs
vindue
garāža
garage
durvju zvans
dørklokke
durvis
dør
atkritumu spainis
skraldespand
pastkastīte
postkasse
dārzs
have

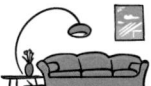

viesistaba

stue

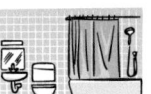

vannas istaba

badeværelse

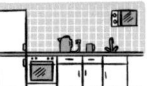

virtuve

køkken

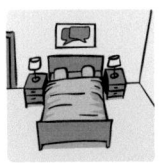

guļamistaba

soveværelse

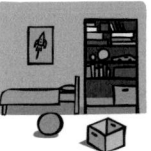

bērnu istaba

børneværelse

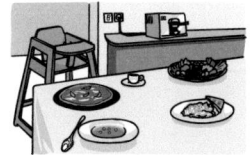

ēdamistaba

spisestue

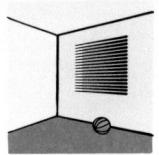

grīda

gulv

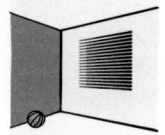

siena

væg

griesti

loft

pagrabs

kælder

sauna

sauna

balkons

altan

terase

terrasse

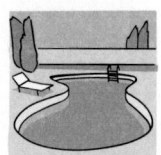

baseins

svømmehal

zāles pļāvējs

plæneklipper

gultas veļa

dynebetræk

sega

dyne

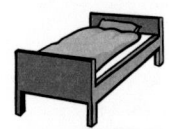

gulta

seng

slota

kost

spainis

spand

slēdzis

kontakt

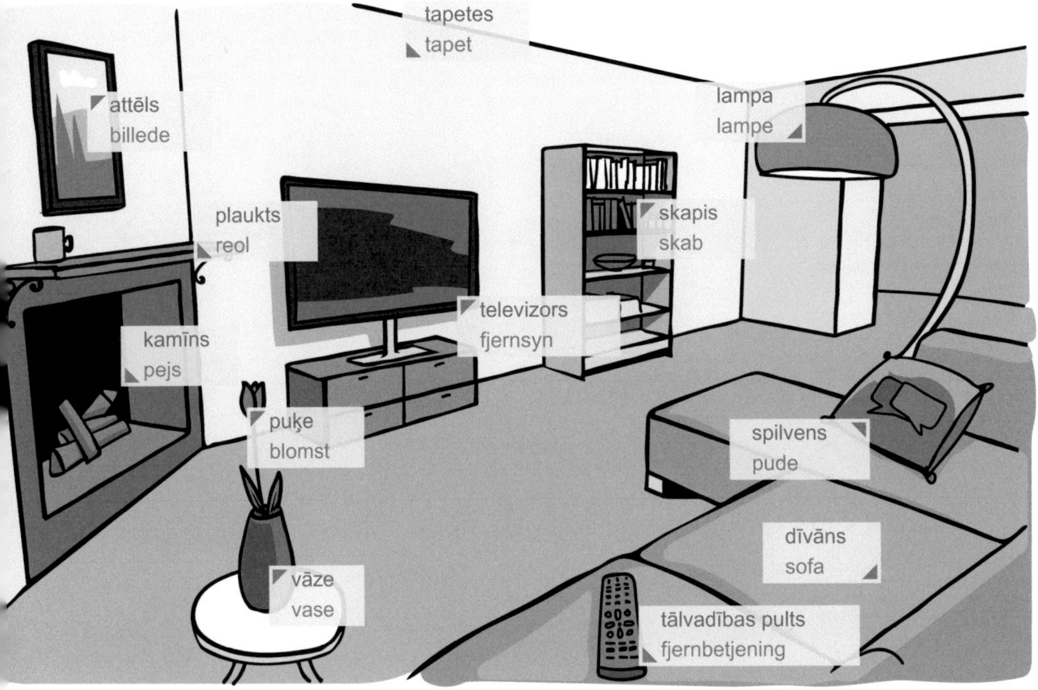

tapetes
tapet

attēls
billede

lampa
lampe

plaukts
reol

skapis
skab

kamīns
pejs

televizors
fjernsyn

puķe
blomst

spilvens
pude

dīvāns
sofa

vāze
vase

tālvadības pults
fjernbetjening

paklājs

gulvtæppe

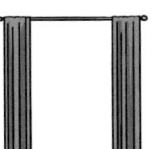

aizkars

gardin

galds

bord

krēsls

stol

šūpuļkrēsls

gyngestol

atpūtas krēsls

lænestol

grāmata

bog

sega

tæppe

dekorācija

dekoration

malka

brænde

filma

film

mūzikas centrs

stereoanlæg

atslēga

nøgle

avīze

avis

glezna

maleri

plakāts

plakat

radio

radio

pierakstu blociņš

notesblok

putekļu sūcējs

støvsuger

kaktuss

kaktus

svece

lys

virtuve
køkken

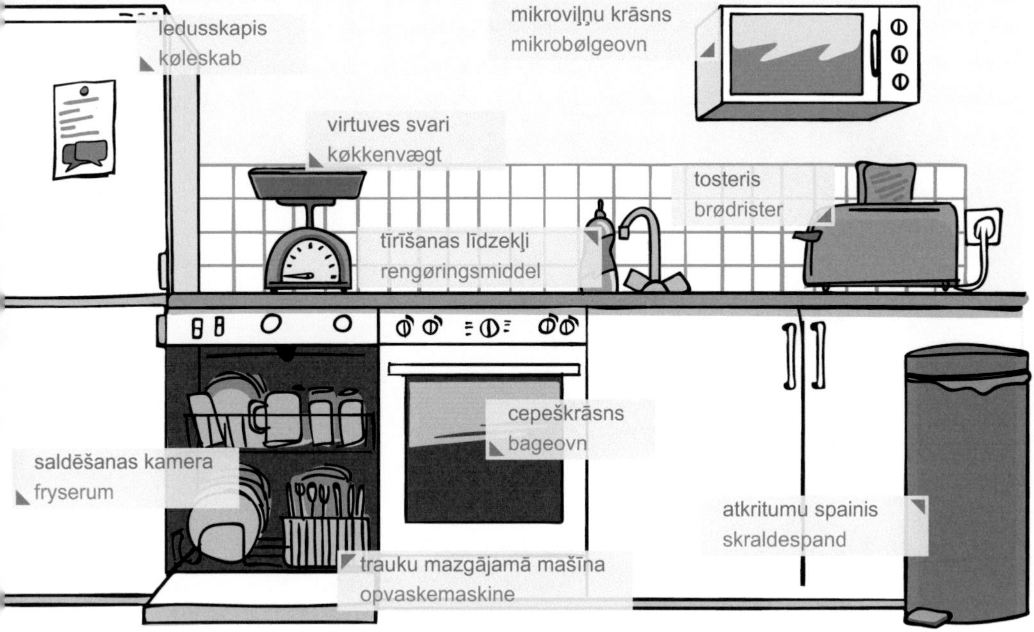

ledusskapis
køleskab
mikroviļņu krāsns
mikrobølgeovn
virtuves svari
køkkenvægt
tosteris
brødrister
tīrīšanas līdzekļi
rengøringsmiddel
cepeškrāsns
bageovn
saldēšanas kamera
fryserum
atkritumu spainis
skraldespand
trauku mazgājamā mašīna
opvaskemaskine

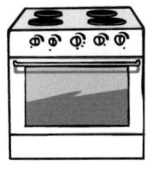

plīts

komfur

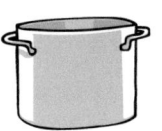

pods

gryde

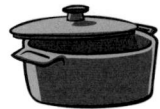

katls

jerngryde

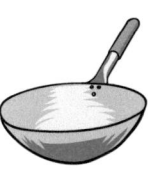

Wok panna

wok / kadai

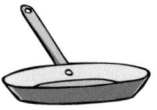

panna

pande

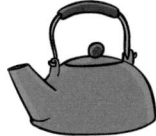

elektriskā tējkanna

elkedel

tvaika katls

dampkoger

cepešpanna

bageplade

trauki

service

krūze

bæger

bļoda

skål

irbulīši

spisepinde

kauss

øseske

lāpstiņa

paletkniv

putošanas slotiņa

piskeris

sietiņš

dørslag

siets

si

rīve

rive

piesta

morter

grilēt

grille

atklāts pavards

ildsted

dēlis

skærebræt

mīklas rullis

kagerulle

korķu vilķis

proptrækker

bundža

dåse

konservu nazis

dåseåbner

virtuves cimdi

grydelap

izlietne

køkkenvask

birste

børste

sūklis

svamp

mikseris

blender

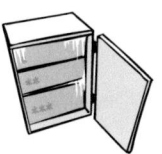

saldētava

dybfryser

bērna pudelīte

sutteflaske

ūdenskrāns

vandhane

vannas istaba

badeværelse

apkure
radiator
dvielis
håndklæde
duša
brusebad
dušas aizkari
bruserforhæng
vannas putas
skumbad
vanna
badekar
glāze
glas
veļas mašīna
vaskemaskine
ūdenskrāns
vandhane
flīzes
fliser
podiņš
tissepotte
izlietne
køkkenvask

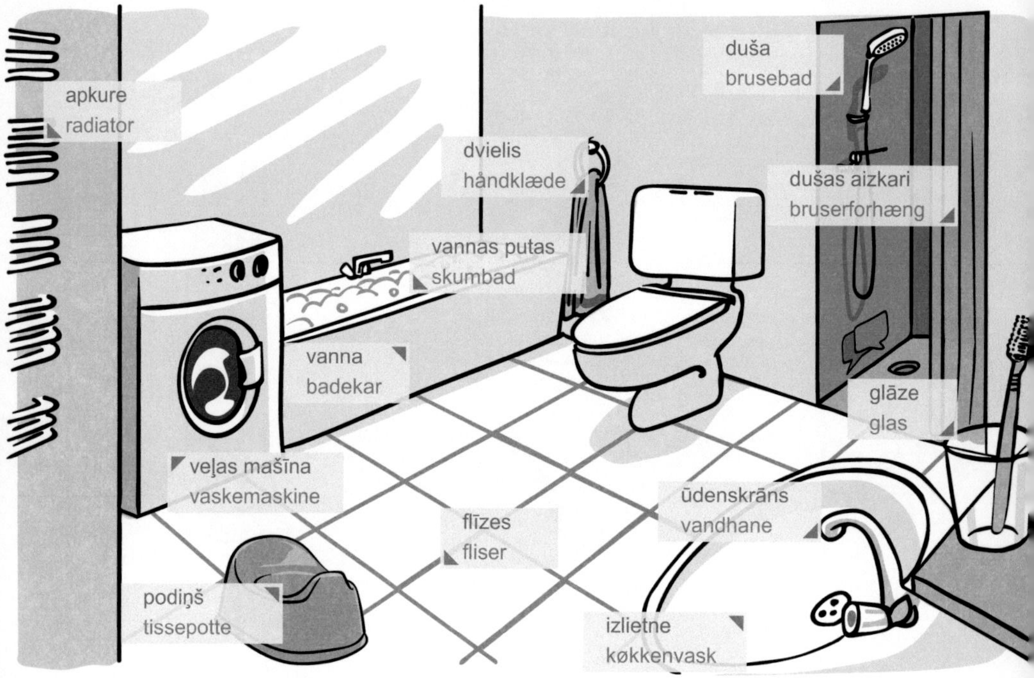

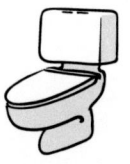

tualetes pods

toilet

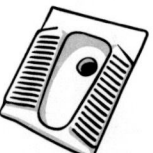

Āzijas tipa tualete

hugsiddende toilet

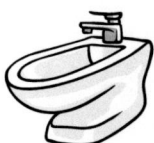

bidē

bidet

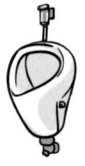

pisuārs

pissoir

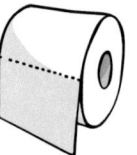

tualetes papīs

toiletpapir

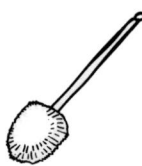

tualetes birste

toiletbørste

zobu birste

tandbørste

zobu pasta

tandpasta

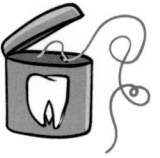

zobu diegs

tandtråd

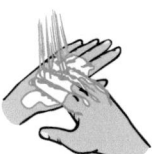

mazgāt

vaske

rokas duša

håndbruser

duša

intimbruser

bļoda

vaskefad

muguras mazgāšanas birste

badebørste

ziepes

sæbe

dušas želeja

brusegele

šampūns

shampoo

mazgāšanas drāna

vaskeklud

noteka

afløb

krēms

creme

dezodorants

deodorant

spogulis

spejl

spogulītis

kosmetikspejl

skuveklis

barberhøvl

skūšanās putas

barberskum

losjons pēc skūšanās

barbervand

ķemme

kam

matu suka

børste

matu fēns

hårtørrer

matu laka

hårspray

grima komplekts

makeup

lūpu krāsa

læbestift

nagulaka

neglelak

vate

vat

šķērītes

neglesaks

smaržas

parfume

kosmētikas maks

toilettaske

ķeblītis

skammel

svari

vægt

halāts

badekåbe

tīrīšanas cimdi

gummihandsker

tampons

tampon

pakete

damebind

ķīmiskā tualete

kemisk toilet

bērnu istaba
børneværelse

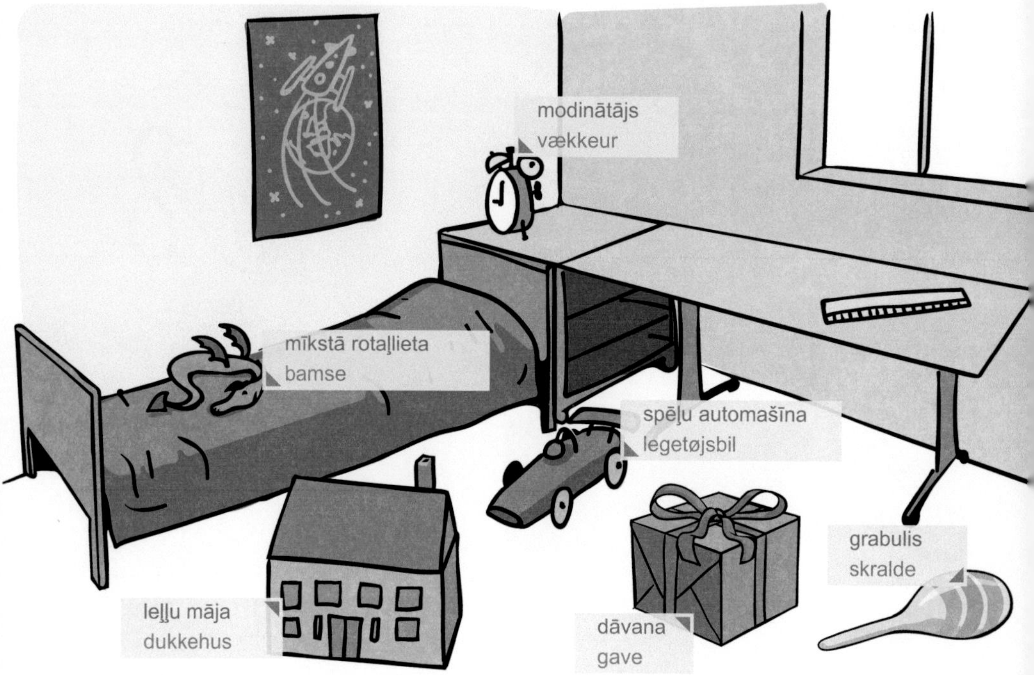
modinātājs
vækkeur
mīkstā rotaļlieta
bamse
spēļu automašīna
legetøjsbil
grabulis
skralde
leļļu māja
dukkehus
dāvana
gave

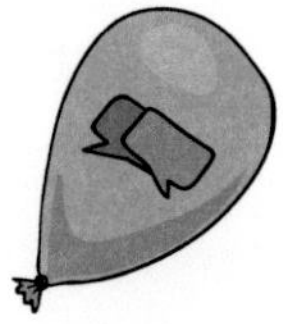

balons
ballon

gulta
seng

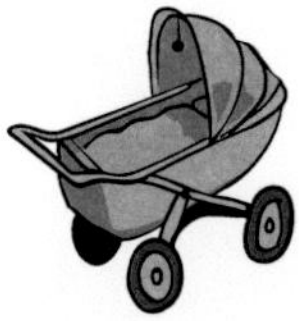

bērnu ratiņi
barnevogn

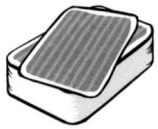

kārtis
kortspil

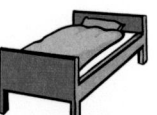

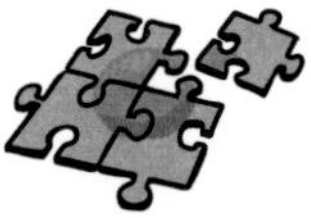

puzle
puslespil

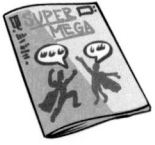

komikss
tegneserie

LEGO klucīši

legoklodser

klucīši

byggeklodser

varoņu figūra

action figur

rāpulītis

sparkedragt

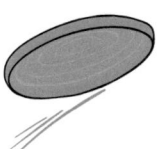

lidojošais šķīvītis

frisbee

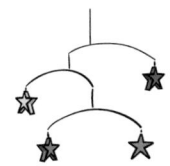

muzikālais karuselis

uro

galda spēle

brætspil

metamais kauliņš

terning

rotaļu dzelzceļš

modeljernbane

māneklis

sut

ballīte

fest

bilžu grāmata

billedbog

bumba

bold

lelle

dukke

spēlēt

lege

smilšu kaste

sandkasse

šūpoles

gynge

rotaļlietas

legetøj

spēļu konsole

spillekonsol

trīsritenis

trehjulet cykel

plīša lācītis

bamse

drēbju skapis

klædeskab

apģērbs

tøj

īszeķes

sokker

zeķes

strømper

zeķbikses

strømpebukser

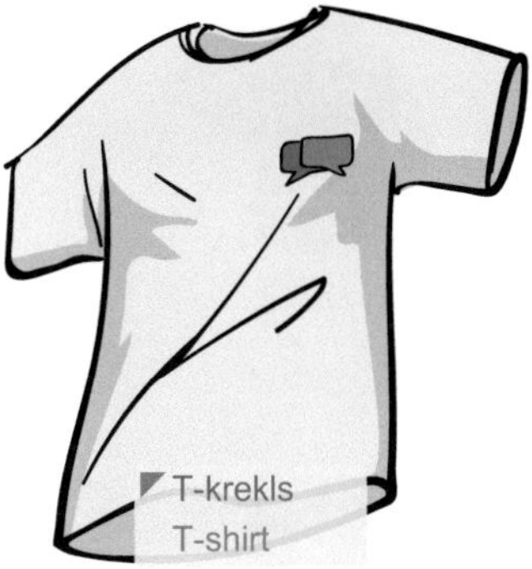

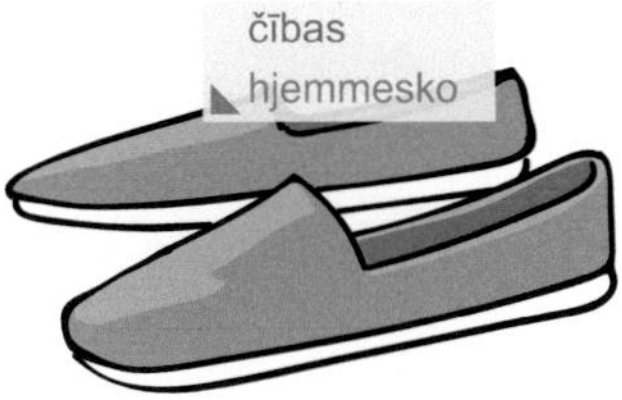

šalle
sjal

siksna
bælte

lietussargs
paraply

T-krekls
T-shirt

zābaks
støvler

čības
hjemmesko

botas
sneakers

sandales
sandaler

kurpes
sko

gumijas zābaki
gummistøvler

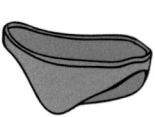

apakšbikses
underbukser

krūšturis
BH

apakškrekls
undertrøje

apģērbs - tøj

bodijs
body

bikses
bukser

džinsi
jeans

svārki
nederdel

blūze
bluse

krekls
skjorte

pulovers
pullover

džemperis
sweatshirt

žakete
blazer

jaka
jakke

mētelis
frakke

lietus mētelis
regnfrakke

kostīms
kostume

kleita
kjole

kāzu kleita
brudekjole

uzvalks

jakkesæt

naktskrekls

nattrøje

pidžama

pyjamas

sari

sari

lakats

hovedtørklæde

turbāns

turban

burka

burka

kaftāns

kaftan

abaja

abaya

peldkostīms

badedragt

peldbikses

badebukser

šorti

korte bukser

treniņtērps

træningsdragt

priekšauts

forklæde

cimdi

handsker

poga

knap

brilles

briller

rokassprādze

armbånd

kaklarota

kæde

gredzens

ring

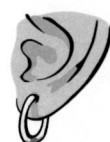

auskars

ørering

cepure

hue

drēbju pakaramais

bøjle

platmale

hat

kaklasaite

slips

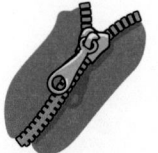

rāvējslēdzējs

lynlås

ķivere

hjelm

bikšturi

seler

skolas forma

skoleuniform

uniforma

uniform

priekšautiņš
hagesmæk

māneklis
sut

autiņbiksītes
ble

birojs
kontor

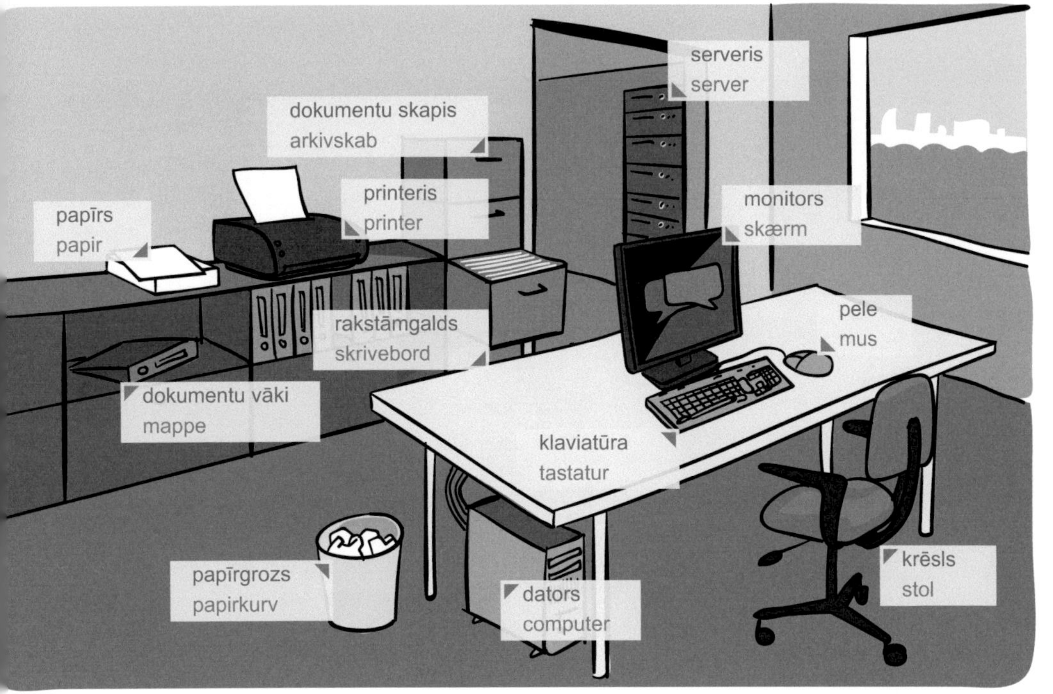

serveris
server

dokumentu skapis
arkivskab

printeris
printer

papīrs
papir

monitors
skærm

rakstāmgalds
skrivebord

pele
mus

dokumentu vāki
mappe

klaviatūra
tastatur

papīrgrozs
papirkurv

dators
computer

krēsls
stol

kafijas krūze
kaffekrus

kalkulators
lommeregner

internets
internet

portatīvais dators

bærbar

vēstule

brev

ziņa

besked

mobilais tālrunis

mobil

tīkls

netværk

kopētājs

kopimaskine

programmatūra

software

telefons

telefon

rozete

stikdåse

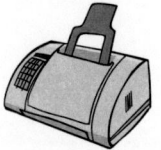

faksa aparāts

fax

formulārs

formular

dokuments

dokument

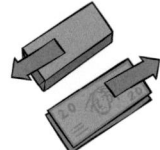

pirkt
købe

samaksāt
betale

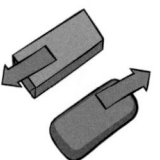

tirgot
handle

nauda
penge

 USD

dolārs
dollar

EUR

eiro
euro

JPY

jēna
yen

RUB

rublis
rubel

CHF

franks
schweizerfranc

CNY

juaṇa renminbi
renminbi yuan

INR

rūpija
rupee

bankomāts
hæveautomat

valūtas maiņas punkts

vekselkontor

zelts

guld

sudrabs

sølv

nafta

olie

enerģija

energi

cena

pris

līgums

kontrakt

nodoklis

skat

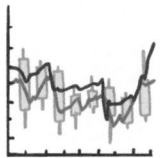

akcija

aktie

strādāt

arbejde

darbinieks

ansat

darba devējs

arbejdsgiver

fabrika

fabrik

veikals

butik

policists
politimand

ugunsdzēsējs
brandmand

pavārs
kok

ārsts
læge

pilots
pilot

dārznieks
gartner

galdnieks
tømrer

šuvēja
syerske

tiesnesis
dommer

ķīmiķis
kemiker

aktieris
skuespiller

autobusa vadītājs

buschauffør

taksometra vadītājs

taxachauffør

zvejnieks

fisker

apkopēja

rengøringskone

jumiķis

tagdækker

viesmīlis

tjener

mednieks

jæger

gleznotājs

maler

maiznieks

bager

elektriķis

elektriker

celtnieks

bygningsarbejder

inženieris

ingeniør

miesnieks

slagter

skārdnieks

vvs-mand

pastnieks

postbud

karavīrs

soldat

arhitekts

arkitekt

kasieris

kasserer

florists

blomsterhandler

frizieris

frisør

konduktors

togfører

mehāniķis

mekaniker

kapteinis

kaptajn

zobārsts

tandlæge

zinātnieks

videnskabsmand

rabīns

rabbiner

imāms

imam

mūks

munk

mācītājs

præst

instrumenti
værktøj

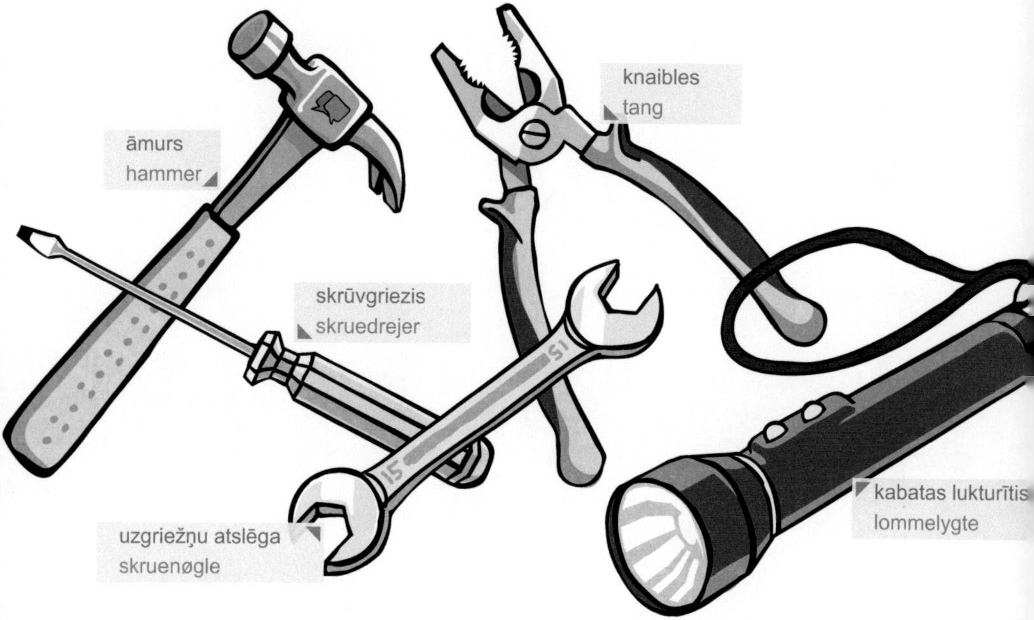
knaibles
tang
āmurs
hammer
skrūvgriezis
skruedrejer
kabatas lukturītis
lommelygte
uzgriežņu atslēga
skruenøgle

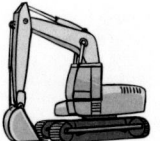

ekskavators

gravemaskine

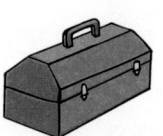

instrumentu kaste

værktøjskasse

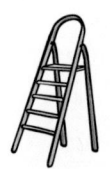

kāpnes

stige

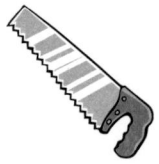

zāģis

sav

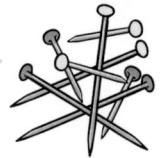

naglas

søm

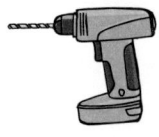

urbis

bor

remontēt

reparere

lāpsta

skovl

Velns!

Lort!

liekšķere

fejebakke

krāsas bundža

malerspand

skrūves

skruer

mūzikas instrumenti
musikinstrumenter

skaļrunis
højttaler

bungas
trommer

ģitāra
guitar

kontrabass
kontrabas

trompete
trompet

klavieres

klaver

vijole

violin

bass

bas

timpāni

pauke

bungas

tromme

digitālās klavieres

keyboard

saksofons

saxofon

flauta

fløjte

mikrofons

mikrofon

zooloģiskais dārzs

zoo

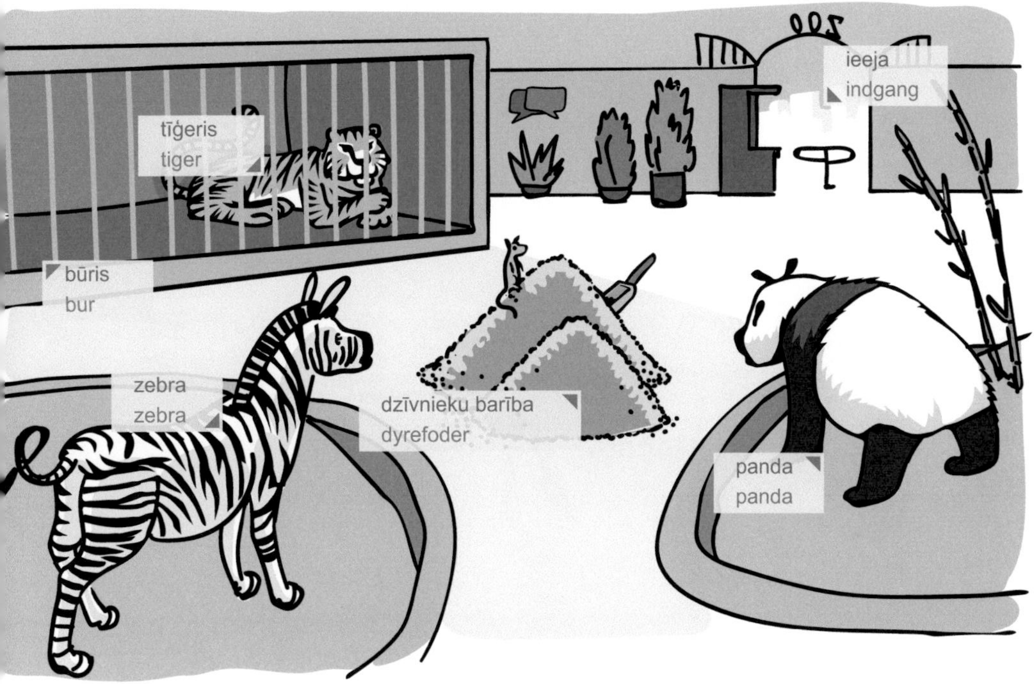

ieeja
indgang
tīģeris
tiger
būris
bur
zebra
zebra
dzīvnieku barība
dyrefoder
panda
panda

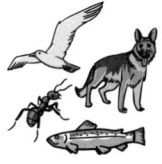

dzīvnieki

dyr

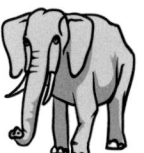

zilonis

elefant

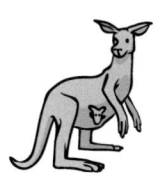

ķengurs

kænguru

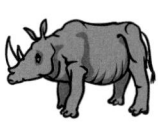

degunradzis

næsehorn

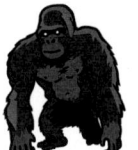

gorilla

gorilla

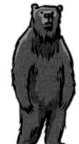

lācis

bjørn

kamielis

kamel

strauss

struds

lauva

løve

pērtiķis

abe

flamings

flamingo

papagailis

papegøje

polārlācis

isbjørn

pingvīns

pingvin

haizivs

haj

pāvs

påfugl

čūska

slange

krokodils

krokodille

zoodārza sargs

dyrepasser

ronis

sæl

jaguārs

jaguar

ponijs

pony

leopards

leopard

nīlzirgs

flodhest

žirafe

giraf

ērglis

ørn

meža cūka

vildsvin

zivs

fisk

bruņurupucis

skildpadde

valzirgs

hvalros

lapsa

ræv

gazele

gazelle

amerikāņu futbols
amerikansk football

riteņbraukšana
cykling

teniss
tennis

basketbols
basketball

peldēšana
svømning

bokss
boksning

hokejs
ishockey

futbols	badmintons	vieglatlētika
fodbold	badminton	atletik
rokas bumba	slēpošana	polo
håndbold	skiløb	polo

darbības

aktiviteter

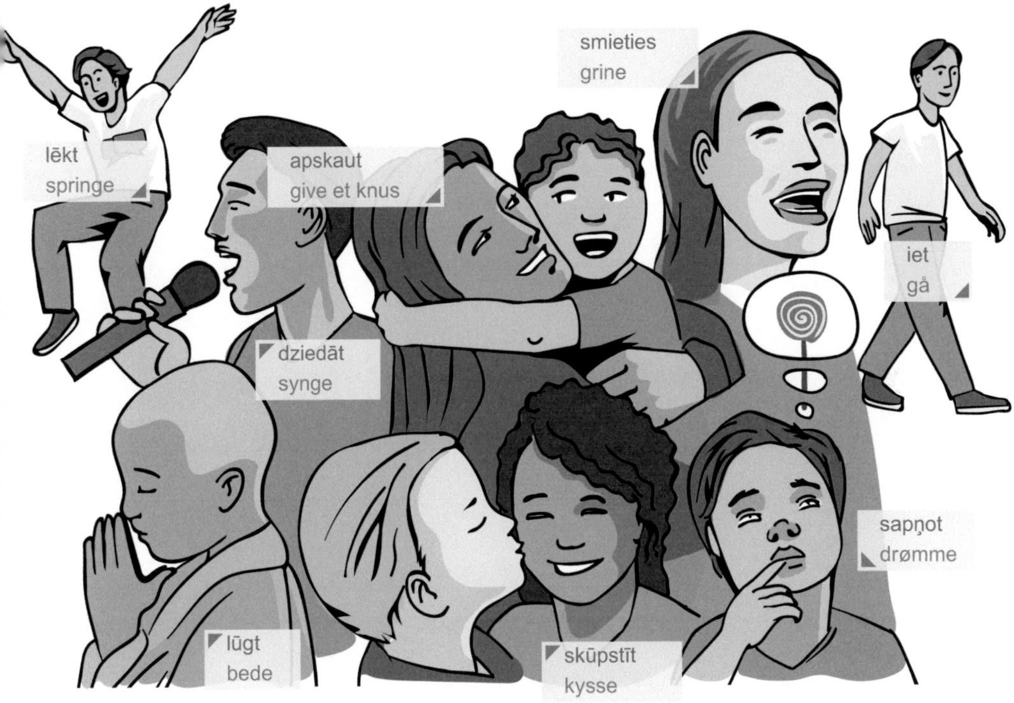
smieties
grine
lēkt
springe
apskaut
give et knus
iet
gå
dziedāt
synge
sapņot
drømme
lūgt
bede
skūpstīt
kysse

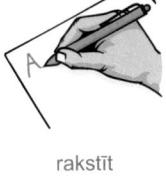

rakstīt

skrive

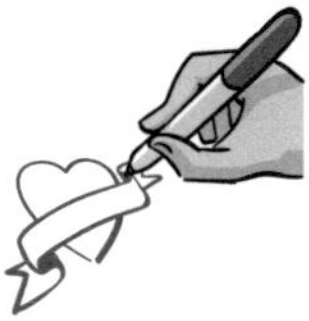

zīmēt

tegne

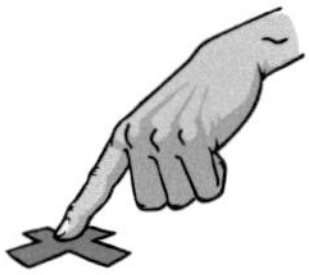

rādīt

vise

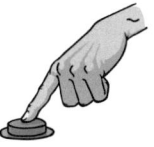

spiest

skubbe

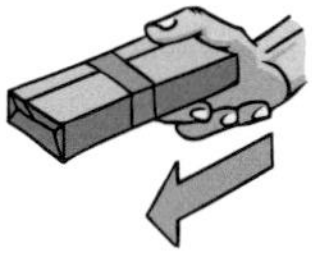

dot

give

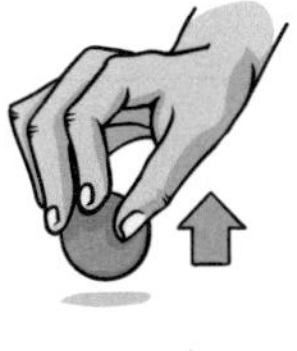

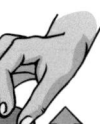

ņemt

tage

būt
have

darīt
gøre

būt
være

stāvēt
stå

skriet
løbe

vilkt
trække

mest
kaste

krist
falde

gulēt
ligge

gaidīt
vente

nest
bære

sēdēt
sidde

uzģērbt
tage på

gulēt
sove

pamosties
vågne

skatīties

se på

raudāt

græde

glāstīt

ae

ķemmēt

kæmme

runāt

tale

saprast

forstå

jautāt

spørge

dzirdēt

høre

dzert

drikke

ēst

spise

sakārtot

rydde op

mīlēt

elske

vārīt

koge

braukt

køre

lidot

flyve

burot

sejle

rēķināt

regne

lasīt

læse

mācīties

lære

strādāt

arbejde

precēties

gifte sig med

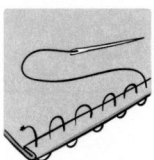

šūt

sy

tīrīt zobus

børste tænder

nogalināt

dræbe

smēķēt

ryge

sūtīt

sende

ģimene
familie

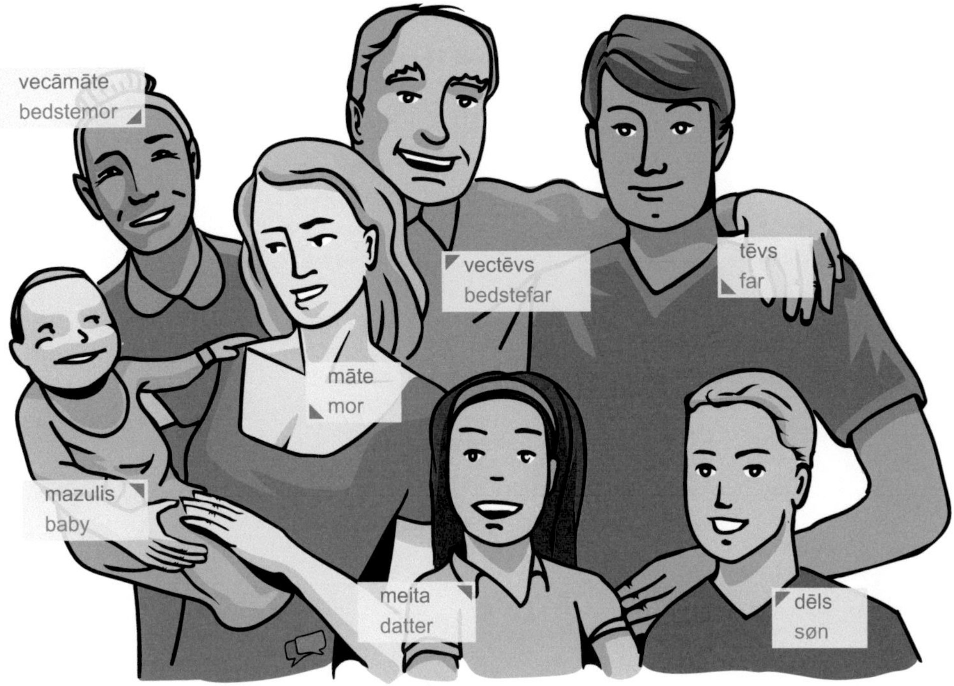
vecāmāte
bedstemor
vectēvs
bedstefar
tēvs
far
māte
mor
mazulis
baby
meita
datter
dēls
søn

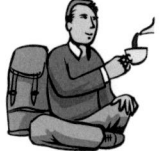

viesis

gæst

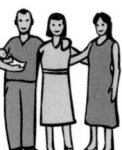

tante

tante

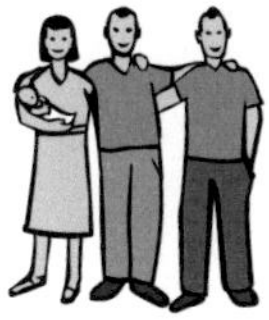

onkulis

onkel

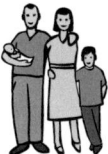

brālis

bror

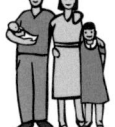

māsa

søster

ķermenis

krop

piere
pande
acs
øje
plecs
skulder
pirksts
finger
seja
ansigt
zods
hage
roka
hånd
kāja
ben
krūtis
bryst
roka
arm

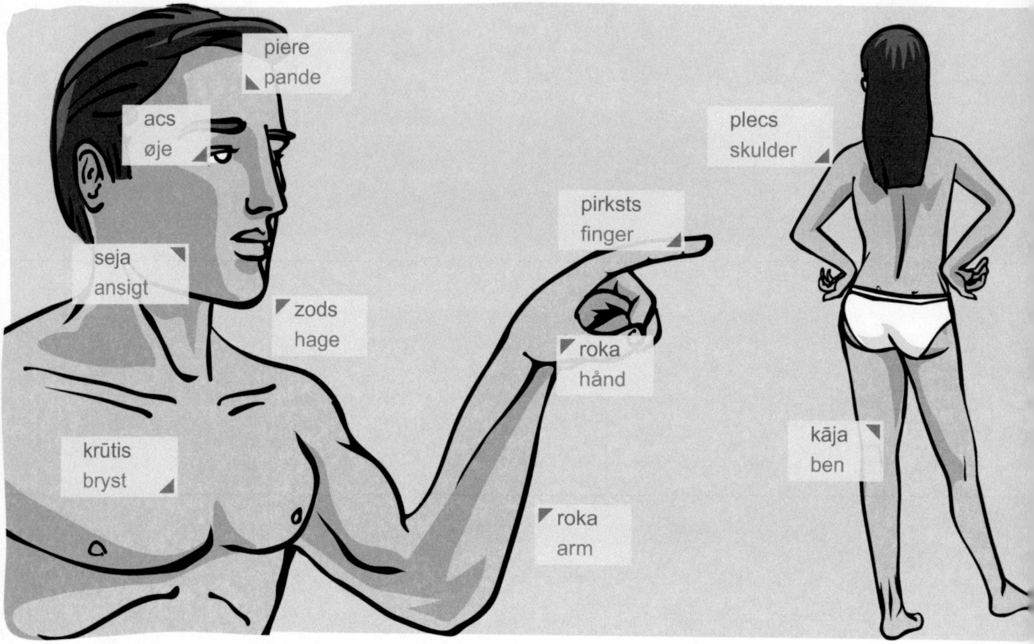

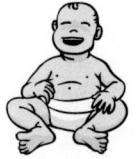

mazulis

baby

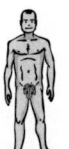

vīrietis

mand

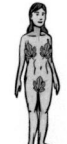

sieviete

kvinde

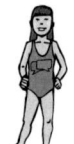

meitene

pige

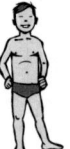

zēns

dreng

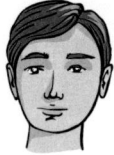

galva

hoved

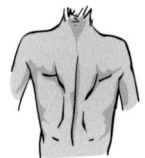

mugura

ryg

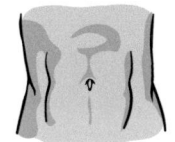

vēders

mave

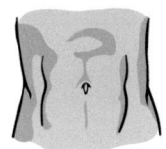

naba

navle

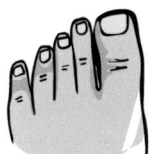

kājas pirksts

tå

papēdis

hæl

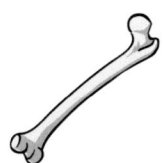

kauls

knogle

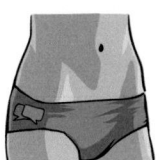

gurns

hofte

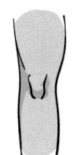

celis

knæ

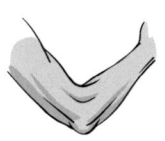

elkonis

albue

deguns

næse

dibens

bagdel

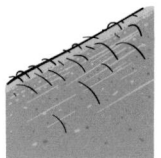

āda

hud

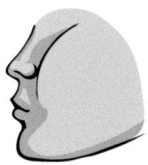

vaigs

kind

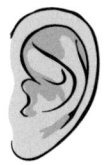

auss

øre

lūpa

læbe

mute

mund

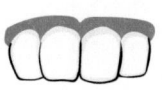

zobs

tand

mēle

tunge

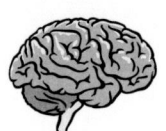

smadzenes

hjerne

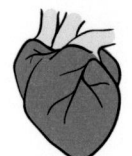

sirds

hjerte

muskulis

muskel

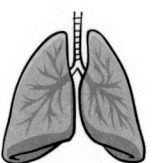

plaušas

lunge

aknas

lever

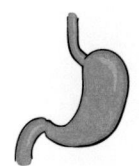

kuņģis

mavesæk

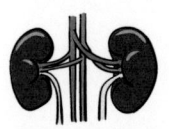

nieres

nyrer

dzimumakts

sex

kondoms

kondom

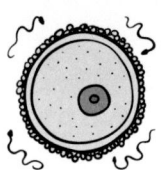

olšūna

ægcelle

sperma

sperm

grūtniecība

svangerskab

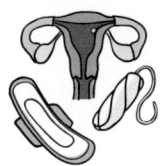

menstruācijas

menstruation

vagīna

vagina

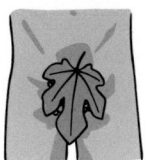

penis

penis

uzacs

øjenbryn

mati

hår

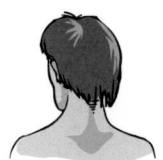

kakls

hals

slimnīca
sygehus

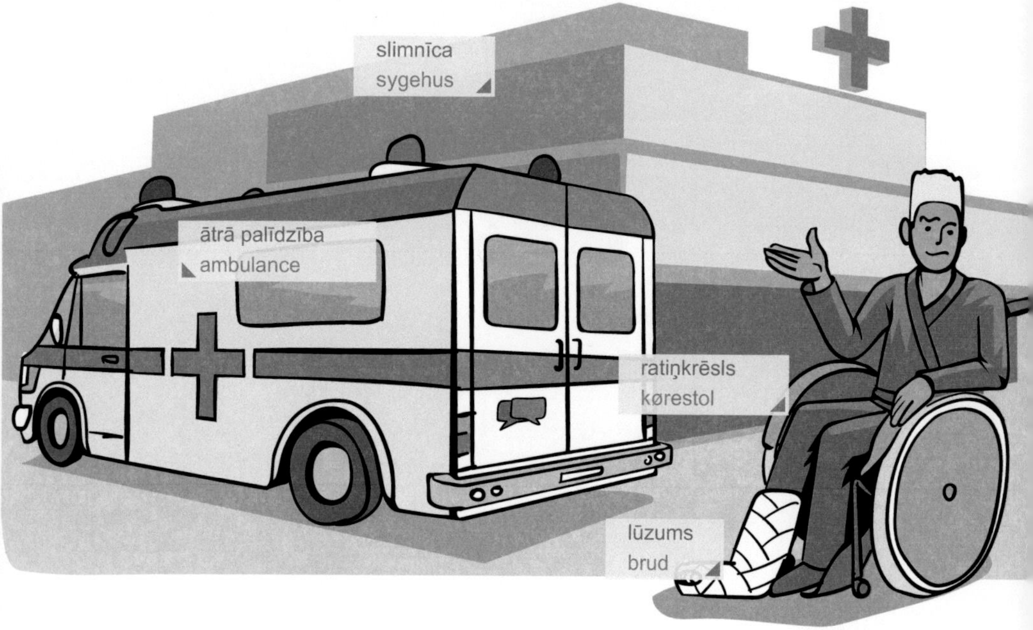

slimnīca
sygehus
ātrā palīdzība
ambulance
ratiņkrēsls
kørestol
lūzums
brud

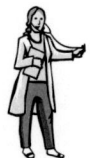

ārsts

læge

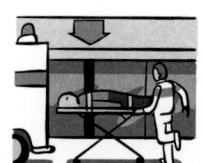

neatliekamās palīdzības nodaļa

akutmodtagelse

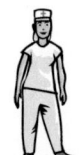

medmāsa

sygeplejerske

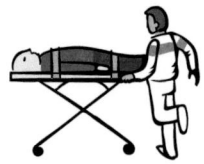

ārkārtas gadījums

nødstilfælde

paģībis

bevidstløs

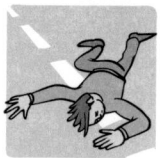

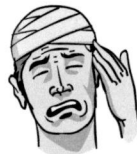

sāpes

smerte

ievainojums

skade

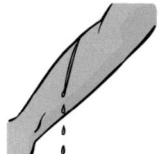

asiņošana

blødning

sirdslēkme

hjerteinfarkt

insults

slagtilfælde

alerģija

allergi

klepus

hoste

temperatūra

feber

gripa

influenza

caureja

diarré

galvassāpes

hovedpine

vēzis

kræft

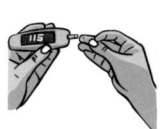

diabēts

diabetes

ķirurgs

kirurg

skalpelis

skalpel

operācija

operation

datortomogrāfija

CT

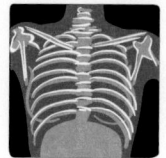

rentgents

røntgen

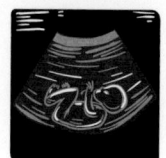

ultraskaņa

ultralyd

sejas maska

maske

slimība

sygdom

uzgaidāmā telpa

venteværelse

kruķis

krykke

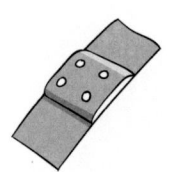

plāksteris

plaster

apsējs

forbinding

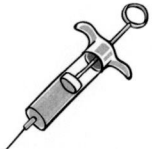

injekcija

injektion

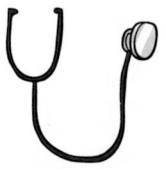

stetoskops

stetoskop

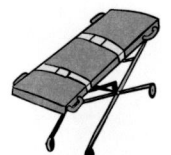

nestuves

båre

termometrs

termometer

dzemdības

fødsel

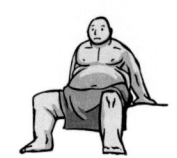

liekais svars

overvægt

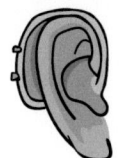

dzirdes aparāts

høreapparat

dezinfekcijas līdzeklis

desinficerende middel

infekcija

infektion

vīruss

virus

HIV / AIDS

HIV / AIDS

zāles

medicin

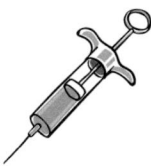

pote

vaccination

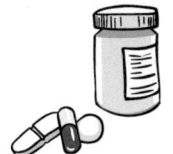

tabletes

tabletter

pretapaugļošanās tablete

pille

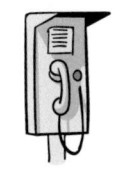

ārkārtas izsaukums

nødopkald

asinsspiediena mērītājs

blodtryksmåler

slims / vesels

syg / rask

Palīgā!

Hjælp!

trauksme

alarm

uzbrukums

overfald

uzbrukums

angreb

bīstamība

fare

avārijas izeja

nødudgang

Uguns!

Det brænder!

ugunsdzēšamais aparāts

ildslukker

negadījums

uheld

pirmās palīdzības aptieciņa

førstehjælps-kuffert

SOS

SOS

policija

politi

Eiropa

Europa

Ziemeļamerika

Nordamerika

Dienvidamerika

Sydamerika

Āfrika

Afrika

Āzija

Asien

Austrālija

Australien

Atlantijas okeāns

Atlanterhavet

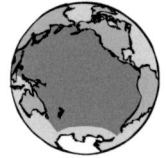

Klusais okeāns

Stillehavet

Indijas okeāns

Indiske Ocean

Dienvidu okeāns

Sydlige Ishav

Ziemeļu ledus okeāns

Ishav

Ziemeļpols

Nordpol

Dienvidpols
Sydpol

Antarktika
Antarktis

zeme
Jorden

zeme
land

jūra
hav

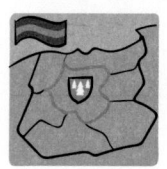

sala
ø

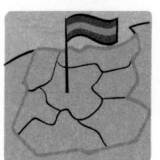

nācija
nation

valsts
stat

ciparnīca

urskive

stundu rādītājs

timeviser

minūšu rādītājs

minutviser

sekunžu rādītājs

sekundviser

Cik ir pulkstenis?

Hvad er klokken?

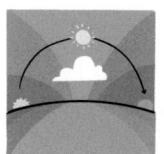

diena

dag

laiks

tid

tagad

nu

digitālais pulkstenis

digitalur

minūte

minut

stunda

time

nedēļa
uge

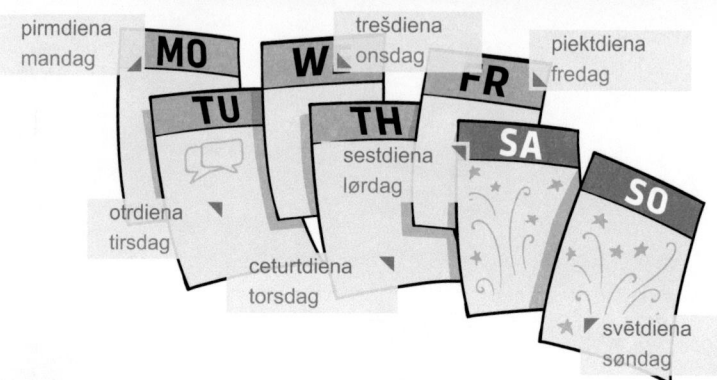

pirmdiena
mandag

otrdiena
tirsdag

trešdiena
onsdag

ceturtdiena
torsdag

sestdiena
lørdag

piektdiena
fredag

svētdiena
søndag

vakardien

i går

šodien

i dag

rītdien

i morgen

rīts

morgen

pusdienlaiks

middag

vakars

aften

MO	TU	WE	TH	FR	SA	SU
1	2	3	4	5	6	7
8	9	10	11	12	13	14
15	16	17	18	19	20	21
22	23	24	25	26	27	28
29	30	31	1	2	3	4

darbadienas

arbejdsdage

MO	TU	WE	TH	FR	SA	SU
1	2	3	4	5	6	7
8	9	10	11	12	13	14
15	16	17	18	19	20	21
22	23	24	25	26	27	28
29	30	31	1	2	3	4

brīvdienas

weekend

lietus
regn

varavīksne
regnbue

sniegs
sne

vējš
vind

pavasaris
forår

vasara
sommer

rudens
efterår

ziema
vinter

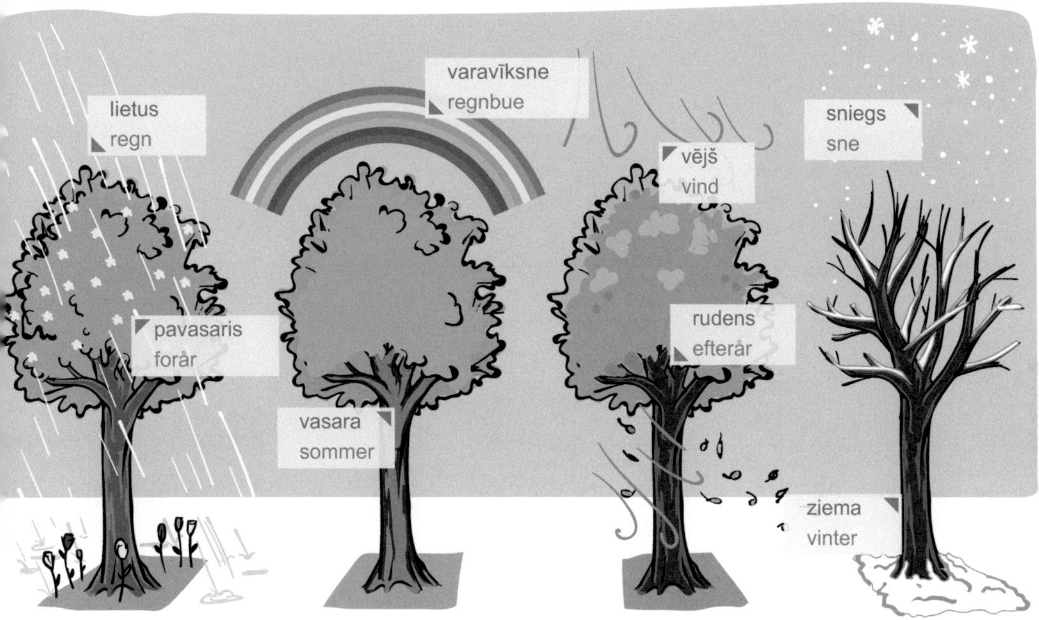

laika prognoze

vejrudsigt

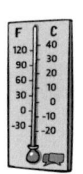

termometrs

termometer

saules gaisma

solskin

mākonis

sky

migla

tåge

gaisa mitrums

luftfugtighed

zibens

lyn

pērkons

torden

vētra

storm

krusa

hagl

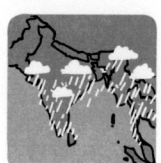

musons

monsun

plūdi

flod

ledus

is

janvāris

januar

februāris

februar

marts

marts

aprīlis

april

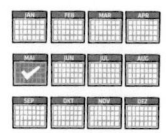

maijs

maj

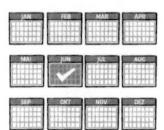

jūnijs

juni

jūlijs

juli

augusts

august

septembris

september

oktobris

oktober

novembris

november

decembris

december

formas
former

aplis

cirkel

kvadrāts

kvadrat

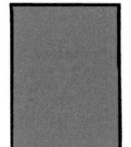

četrstūris

firkant

trīsstūris

trekant

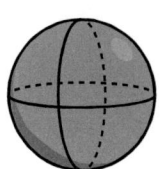

lode

kugle

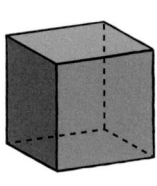

kubs

terning

balts
hvid

dzeltens
gul

oranžs
orange

sārts
pink

sarkans
rød

lillā
lilla

zils
blå

zaļš
grøn

brūns
brun

pelēks
grå

melns
sort

daudz / maz

meget / lidt

saniknots / miermīlīgs

rasende / fredelig

skaists / neglīts

smuk / grim

sākums / beigas

begyndelse / slut

liels / mazs

stor / lille

gaišs / tumšs

lys / mørk

brālis / māsa

bror / søster

tīrs / netīrs

ren / snavset

pilnīgs / nepilnīgs

fuldkommen / ufuldkommen

diena / nakts

dag / nat

miris / dzīvs

død / levende

plats / šaurs

bred / smal

baudāms / nebaudāms
spiselig / uspiselig

nikns / laipns
vred / venlig

satraukts / garlaikots
ophidset / kedet

resns / tievs
tyk / tynd

pirmais /pēdējais
først / sidst

draugs / ienaidnieks
ven / fjende

pilns / tukšs
fuld / tom

ciets / mīksts
hård / blød

smags / viegls
tung / let

izsalkums / slāpes
sult / tørst

slims / vesels
syg / rask

nelegāls / legāls
illegal / legal

inteliģents / dumjš
intelligent / dum

kreisais / labais
venstre / højre

tuvu / tālu
nær / fjern

jauns / lietots

ny / brugt

nekas / kaut kas

intet / noget

vecs / jauns

gammel / ung

ieslēgts / izslēgts

tændt / slukket

atvērts / slēgts

åben / lukket

kluss / skaļš

stille / højt

bagāts / nabags

rig / fattig

pareizi / nepareizi

rigtig / forkert

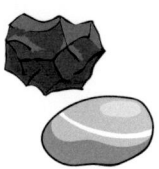

raupjš / gluds

ru / glat

noskumis / laimīgs

ked af det / lykkelig

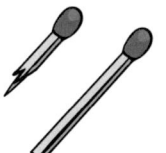

īss / garš

kort / lang

lēns / ātrs

langsom / hurtig

slapjš / sauss

våd / tør

silts / vēss

varm / kold

karš / miers

krig / fred

0	**1**	**2**
nulle	viens	divi
nul	en	to

3	**4**	**5**
trīs	četri	pieci
tre	fire	fem

6	**7**	**8**
seši	septiņi	astoņi
seks	syv	otte

9	**10**	**11**
deviņi	desmit	vienpadsmit
ni	ti	elleve

12	**13**	**14**
divpadsmit	trīspadsmit	četrpadsmit
tolv	tretten	fjorten

15	**16**	**17**
piecpadsmit	sešpadsmit	septiņpadsmit
femten	seksten	sytten

18	**19**	**20**
astoņpadsmit	deviņpadsmit	divdesmit
atten	nitten	tyve

100	**1.000**	**1.000.000**
simts	tūkstotis	miljons
hundrede	tusinde	million

angļu

engelsk

amerikāņu angļu

amerikansk engelsk

ķīniešu mandarīnu valoda

kinesisk mandarin

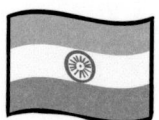

hindi

hindi

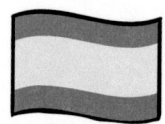

spāņu

spansk

franču

fransk

arābu

arabisk

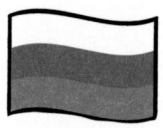

krievu

russisk

portugāļu

portugisisk

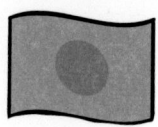

bengāļu

bengalsk

vācu

tysk

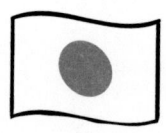

japāņu

japansk

es
jeg

tu
du

viņš / viņa
han / hun / den / det

mēs
vi

jūs
I

viņi / viņas
de

kas?
hvem?

ko?
hvad?

kā?
hvordan?

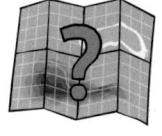

kur?
hvor?

kad?
hvornår?

vārds
navn

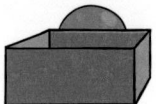

aiz

bag

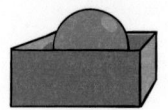

iekšā

i

priekšā

foran

virs

over

uz

på

zem

under

blakus

ved siden af

starp

imellem

vieta

sted